THE FAR SIDE®

SCARED SILLY

2008 DESK CALENDAR

GARY LARSON

Andrews McMeel Publishing, LLC

Kansas City

www.andrewsmcmeel.com

All Jewish holidays begin at sundown the previous day.

The start dates of the seasons are presented in U.S. Eastern Standard Time.

ISBN-13: 978-0-7407-6728-9
ISBN-10: 0-7407-6728-3

Chicken cults? That's a little scary. Elvis checking in to the Bates Motel? A trifle disquieting. Murderous entomologists? A tad macabre.

A hyperaggressive, self-aggrandizing middle manager glaring over your shoulder while you're trying to work and screaming that he wants that report on his desk by 7:00 a.m. tomorrow? Now, *that's* scary.

Take heart, desk jockeys. Gary Larson is here to lighten your mood (and in all likelihood tick off your boss by undermining office productivity). *The Far Side® Desk Calendar* is back once again to spread its brand of demented sunshine to workstations the world over. Under the title *Scared Silly,* this calendar lays the year at your fingertips one ghastly, giggle-inducing week at a time.

But a few words of warning—those suffering from certain phobias should probably avoid this calendar. Among those cautioned are people with:

Doraphobia: fear of fur
Boviphobia: fear of cows
Chromophobia: fear of color (All of the cartoons included here are freshly presented in vivid hues.)
And, especially, geliophobia: fear of laughter

And as for that annoying boss, we suggest calling in tomorrow with an acute case of ergophobia. That, of course, is fear of work.

JANUARY 2008

SUNDAY	MONDAY	TUESDAY	WEDNESDAY	THURSDAY	FRIDAY	SATURDAY
30	31	1 *New Year's Day Kwanzaa ends (USA) Bank Holiday (UK)*	2	3	4	5
6	7	8	9	10	11	12
13	14	15	16	17	18	19
20	21 *Martin Luther King Jr.'s Birthday (observed) (USA)*	22	23	24	25	26 *Australia Day (Australia—NSW)*
27	28 *Australia Day (observed) (Australia—except NSW)*	29	30	31	1	2

DECEMBER 2007

S	M	T	W	T	F	S
25	26	27	28	29	30	1
2	3	4	5	6	7	8
9	10	11	12	13	14	15
16	17	18	19	20	21	22
23	24	25	26	27	28	29
30	31	1	2	3	4	5

NOTES

FEBRUARY 2008

S	M	T	W	T	F	S
27	28	29	30	31	1	2
3	4	5	6	7	8	9
10	11	12	13	14	15	16
17	18	19	20	21	22	23
24	25	26	27	28	29	1
2	3	4	5	6	7	8

NOTES

“This is just not effective. ... We need to get some chains.”

DEC 2007-JAN 2008

MONDAY

31

TUESDAY

1

New Year's Day
Kwanzaa ends (USA)
Bank Holiday (UK)

WEDNESDAY

2

THURSDAY

3

FRIDAY

4

SATURDAY

5

SUNDAY

6

DECEMBER 2007

S	M	T	W	T	F	S
25	26	27	28	29	30	1
2	3	4	5	6	7	8
9	10	11	12	13	14	15
16	17	18	19	20	21	22
23	24	25	26	27	28	29
30	31	1	2	3	4	5

NOTES

JANUARY 2008

S	M	T	W	T	F	S
30	31	1	2	3	4	5
6	7	8	9	10	11	12
13	14	15	16	17	18	19
20	21	22	23	24	25	26
27	28	29	30	31	1	2
3	4	5	6	7	8	9

Not heeding his father's advice to avoid eye contact, Joey makes a "contribution."

JANUARY 2008

MONDAY 7		
TUESDAY 8		
WEDNESDAY 9		
THURSDAY 10		
FRIDAY 11		
SATURDAY 12		SUNDAY 13

JANUARY 2008

S	M	T	W	T	F	S
30	31	1	2	3	4	5
6	7	8	9	10	11	12
13	14	15	16	17	18	19
20	21	22	23	24	25	26
27	28	29	30	31	1	2
3	4	5	6	7	8	9

NOTES

FEBRUARY 2008

S	M	T	W	T	F	S
27	28	29	30	31	1	2
3	4	5	6	7	8	9
10	11	12	13	14	15	16
17	18	19	20	21	22	23
24	25	26	27	28	29	1
2	3	4	5	6	7	8

"Hey, Bob ... did I scare you or what?"

JANUARY 2008

MONDAY 14

TUESDAY 15

WEDNESDAY 16

THURSDAY 17

FRIDAY 18

SATURDAY 19

SUNDAY 20

JANUARY 2008

S	M	T	W	T	F	S
30	31	1	2	3	4	5
6	7	8	9	10	11	12
13	14	15	16	17	18	19
20	21	22	23	24	25	26
27	28	29	30	31	1	2
3	4	5	6	7	8	9

NOTES

FEBRUARY 2008

S	M	T	W	T	F	S
27	28	29	30	31	1	2
3	4	5	6	7	8	9
10	11	12	13	14	15	16
17	18	19	20	21	22	23
24	25	26	27	28	29	1
2	3	4	5	6	7	8

Scene from *Dr. Jekyll and Mr. Ed*

JANUARY 2008

MONDAY 21

Martin Luther King Jr.'s Birthday (observed) (USA)

TUESDAY 22

WEDNESDAY 23

THURSDAY 24

FRIDAY 25

SATURDAY 26

Australia Day (Australia—NSW)

SUNDAY 27

JANUARY 2008

S	M	T	W	T	F	S
30	31	1	2	3	4	5
6	7	8	9	10	11	12
13	14	15	16	17	18	19
20	21	22	23	24	25	26
27	28	29	30	31	1	2
3	4	5	6	7	8	9

NOTES

FEBRUARY 2008

S	M	T	W	T	F	S
27	28	29	30	31	1	2
3	4	5	6	7	8	9
10	11	12	13	14	15	16
17	18	19	20	21	22	23
24	25	26	27	28	29	1
2	3	4	5	6	7	8

FEBRUARY 2008

SUNDAY	MONDAY	TUESDAY	WEDNESDAY	THURSDAY	FRIDAY	SATURDAY
27	28	29	30	31	1	2 *Groundhog Day (USA)*
3	4	5	6 *Ash Wednesday* *Waitangi Day (NZ)*	7	8	9
10	11	12	13	14 *St. Valentine's Day*	15	16
17	18 *Presidents' Day (USA)*	19	20	21	22	23
24	25	26	27	28	29	1

JANUARY 2008

S	M	T	W	T	F	S
30	31	1	2	3	4	5
6	7	8	9	10	11	12
13	14	15	16	17	18	19
20	21	22	23	24	25	26
27	28	29	30	31	1	2
3	4	5	6	7	8	9

NOTES

MARCH 2008

S	M	T	W	T	F	S
24	25	26	27	28	29	1
2	3	4	5	6	7	8
9	10	11	12	13	14	15
16	17	18	19	20	21	22
23	24	25	26	27	28	29
30	31	1	2	3	4	5

NOTES

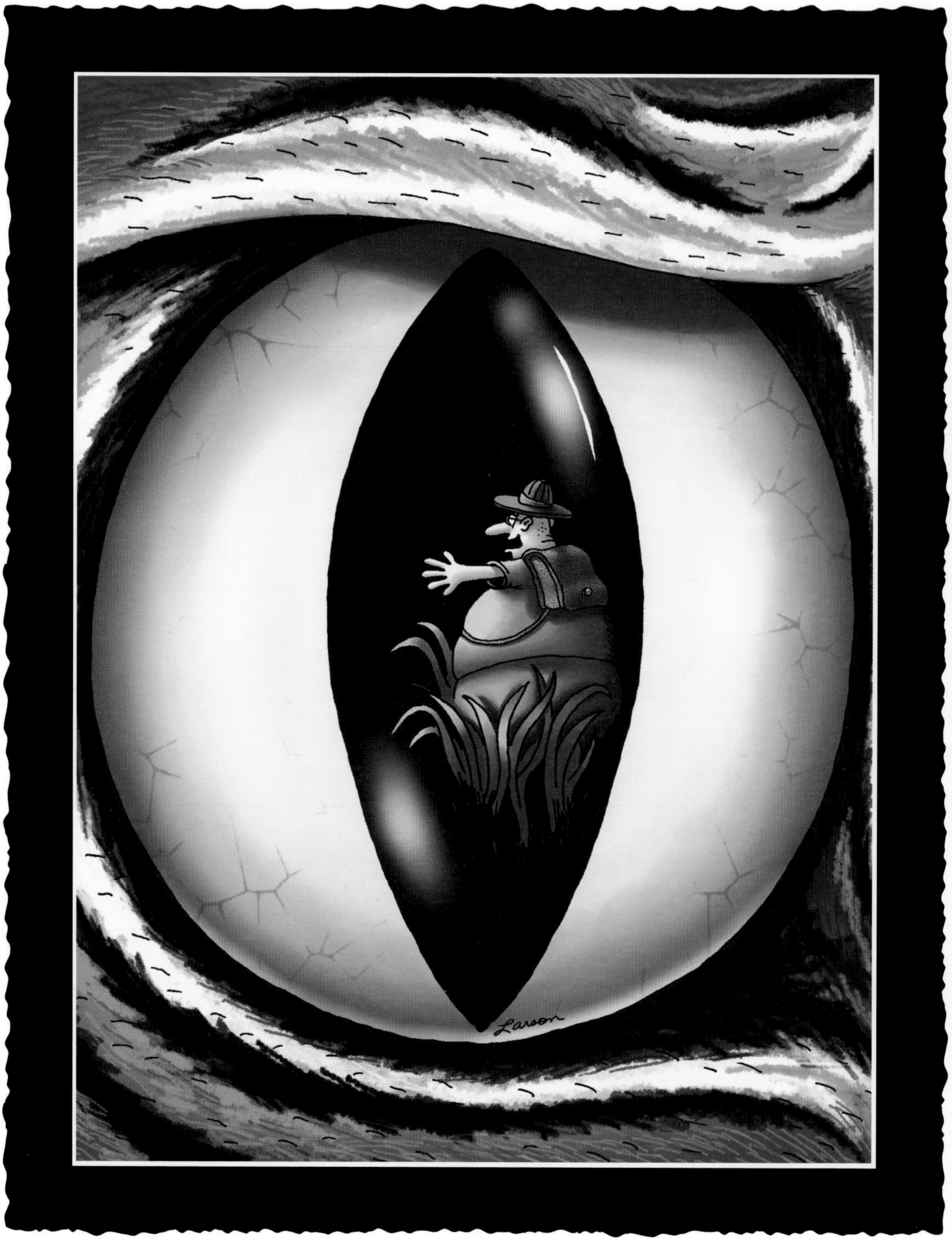

“My gun, Desmond! I sense this striped man-eater is somewhere dead ahead, waiting to ambush us! … Ohhhhhh, he thinks he’s so clever.”

JAN-FEB 2008

MONDAY 28	*Australia Day (observed) (Australia—except NSW)*
TUESDAY 29	
WEDNESDAY 30	
THURSDAY 31	
FRIDAY 1	
SATURDAY 2	*Groundhog Day (USA)*
SUNDAY 3	

JANUARY 2008

S	M	T	W	T	F	S
30	31	1	2	3	4	5
6	7	8	9	10	11	12
13	14	15	16	17	18	19
20	21	22	23	24	25	26
27	28	29	30	31	1	2
3	4	5	6	7	8	9

NOTES

FEBRUARY 2008

S	M	T	W	T	F	S
27	28	29	30	31	1	2
3	4	5	6	7	8	9
10	11	12	13	14	15	16
17	18	19	20	21	22	23
24	25	26	27	28	29	1
2	3	4	5	6	7	8

Luposlipaphobia: The fear of being pursued by timber wolves around a kitchen table while wearing socks on a newly waxed floor.

FEBRUARY 2008

MONDAY 4	
TUESDAY 5	
WEDNESDAY 6	*Ash Wednesday* *Waitangi Day (NZ)*
THURSDAY 7	
FRIDAY 8	
SATURDAY 9	
SUNDAY 10	

FEBRUARY 2008

S	M	T	W	T	F	S
27	28	29	30	31	1	2
3	4	5	6	7	8	9
10	11	12	13	14	15	16
17	18	19	20	21	22	23
24	25	26	27	28	29	1
2	3	4	5	6	7	8

NOTES

MARCH 2008

S	M	T	W	T	F	S
24	25	26	27	28	29	1
2	3	4	5	6	7	8
9	10	11	12	13	14	15
16	17	18	19	20	21	22
23	24	25	26	27	28	29
30	31	1	2	3	4	5

Larson
Zzz!

FEBRUARY 2008

MONDAY
11

TUESDAY
12

WEDNESDAY
13

THURSDAY
14
St. Valentine's Day

FRIDAY
15

SATURDAY
16

SUNDAY
17

FEBRUARY 2008

S	M	T	W	T	F	S
27	28	29	30	31	1	2
3	4	5	6	7	8	9
10	11	12	13	14	15	16
17	18	19	20	21	22	23
24	25	26	27	28	29	1
2	3	4	5	6	7	8

NOTES

MARCH 2008

S	M	T	W	T	F	S
24	25	26	27	28	29	1
2	3	4	5	6	7	8
9	10	11	12	13	14	15
16	17	18	19	20	21	22
23	24	25	26	27	28	29
30	31	1	2	3	4	5

"Egad! ... Sounds like the farmer's wife has really flipped out this time!"

FEBRUARY 2008

MONDAY
18
Presidents' Day (USA)

TUESDAY
19

WEDNESDAY
20

THURSDAY
21

FRIDAY
22

SATURDAY
23

SUNDAY
24

FEBRUARY 2008

S	M	T	W	T	F	S
27	28	29	30	31	1	2
3	4	5	6	7	8	9
10	11	12	13	14	15	16
17	18	19	20	21	22	23
24	25	26	27	28	29	1
2	3	4	5	6	7	8

NOTES

MARCH 2008

S	M	T	W	T	F	S
24	25	26	27	28	29	1
2	3	4	5	6	7	8
9	10	11	12	13	14	15
16	17	18	19	20	21	22
23	24	25	26	27	28	29
30	31	1	2	3	4	5

MARCH 2008

SUNDAY	MONDAY	TUESDAY	WEDNESDAY	THURSDAY	FRIDAY	SATURDAY
24	25	26	27	28	29	1 St. David's Day (UK)
2 Mothering Sunday (UK)	3 Labour Day (Australia—WA)	4	5	6	7	8 International Women's Day
9 Daylight Saving Time begins (USA)	10 Eight Hours Day (Australia—TAS) Labour Day (Australia—VIC) Commonwealth Day (Australia, Canada, NZ, UK)	11	12	13	14	15
16 Palm Sunday	17 St. Patrick's Day Canberra Day (Australia—ACT)	18	19	20 First day of spring	21 Good Friday (Western) Purim	22 Easter Saturday (Australia—except TAS, WA)
23 Easter (Western)	24 Easter Monday (Australia, Canada, NZ, UK—except Scotland)	25	26	27	28	29
30	31					

FEBRUARY 2008

S	M	T	W	T	F	S
27	28	29	30	31	1	2
3	4	5	6	7	8	9
10	11	12	13	14	15	16
17	18	19	20	21	22	23
24	25	26	27	28	29	1
2	3	4	5	6	7	8

NOTES

APRIL 2008

S	M	T	W	T	F	S
30	31	1	2	3	4	5
6	7	8	9	10	11	12
13	14	15	16	17	18	19
20	21	22	23	24	25	26
27	28	29	30	1	2	3
4	5	6	7	8	9	10

NOTES

"Hold up, Niles. It says here, 'These little fish have been known to skeletonize a cow in less than two minutes.'... Now *there's* a vivid thought!"

FEB-MAR 2008

MONDAY
25

TUESDAY
26

WEDNESDAY
27

THURSDAY
28

FRIDAY
29

SATURDAY
1

St. David's Day (UK)

Mothering Sunday (UK)

SUNDAY
2

FEBRUARY 2008

S	M	T	W	T	F	S
27	28	29	30	31	1	2
3	4	5	6	7	8	9
10	11	12	13	14	15	16
17	18	19	20	21	22	23
24	25	26	27	28	29	1
2	3	4	5	6	7	8

NOTES

MARCH 2008

S	M	T	W	T	F	S
24	25	26	27	28	29	1
2	3	4	5	6	7	8
9	10	11	12	13	14	15
16	17	18	19	20	21	22
23	24	25	26	27	28	29
30	31	1	2	3	4	5

"Gad, I hate walking through this place at night."

MARCH 2008

MONDAY
3
Labour Day (Australia—WA)

TUESDAY
4

WEDNESDAY
5

THURSDAY
6

FRIDAY
7

SATURDAY
8
International Women's Day

SUNDAY
9
Daylight Saving Time begins (USA)

MARCH 2008

S	M	T	W	T	F	S
24	25	26	27	28	29	1
2	3	4	5	6	7	8
9	10	11	12	13	14	15
16	17	18	19	20	21	22
23	24	25	26	27	28	29
30	31	1	2	3	4	5

NOTES

APRIL 2008

S	M	T	W	T	F	S
30	31	1	2	3	4	5
6	7	8	9	10	11	12
13	14	15	16	17	18	19
20	21	22	23	24	25	26
27	28	29	30	1	2	3
4	5	6	7	8	9	10

Only Bernard, in the front row, had the nerve to laugh at Death.

MARCH 2008

MONDAY 10	*Eight Hours Day (Australia—TAS)* *Labour Day (Australia—VIC)* *Commonwealth Day (Australia, Canada, NZ, UK)*
TUESDAY 11	
WEDNESDAY 12	
THURSDAY 13	
FRIDAY 14	
SATURDAY 15	
SUNDAY 16	*Palm Sunday*

MARCH 2008

S	M	T	W	T	F	S
24	25	26	27	28	29	1
2	3	4	5	6	7	8
9	10	11	12	13	14	15
16	17	18	19	20	21	22
23	24	25	26	27	28	29
30	31	1	2	3	4	5

NOTES

APRIL 2008

S	M	T	W	T	F	S
30	31	1	2	3	4	5
6	7	8	9	10	11	12
13	14	15	16	17	18	19
20	21	22	23	24	25	26
27	28	29	30	1	2	3
4	5	6	7	8	9	10

Snake horror stories

MARCH 2008

MONDAY 17	St. Patrick's Day Canberra Day (Australia—ACT)
TUESDAY 18	
WEDNESDAY 19	
THURSDAY 20	First day of spring
FRIDAY 21	Good Friday (Western) Purim
SATURDAY 22	Easter Saturday (Australia—except TAS, WA)
SUNDAY 23	Easter (Western)

MARCH 2008

S	M	T	W	T	F	S
24	25	26	27	28	29	1
2	3	4	5	6	7	8
9	10	11	12	13	14	15
16	17	18	19	20	21	22
23	24	25	26	27	28	29
30	31	1	2	3	4	5

NOTES

APRIL 2008

S	M	T	W	T	F	S
30	31	1	2	3	4	5
6	7	8	9	10	11	12
13	14	15	16	17	18	19
20	21	22	23	24	25	26
27	28	29	30	1	2	3
4	5	6	7	8	9	10

The nightly crisis of Todd's stomach vs. Todd's imagination

MARCH 2008

MONDAY
24
Easter Monday (Australia, Canada, NZ, UK—except Scotland)

TUESDAY
25

WEDNESDAY
26

THURSDAY
27

FRIDAY
28

SATURDAY
29

SUNDAY
30

MARCH 2008

S	M	T	W	T	F	S
24	25	26	27	28	29	1
2	3	4	5	6	7	8
9	10	11	12	13	14	15
16	17	18	19	20	21	22
23	24	25	26	27	28	29
30	31	1	2	3	4	5

NOTES

APRIL 2008

S	M	T	W	T	F	S
30	31	1	2	3	4	5
6	7	8	9	10	11	12
13	14	15	16	17	18	19
20	21	22	23	24	25	26
27	28	29	30	1	2	3
4	5	6	7	8	9	10

APRIL 2008

SUNDAY	MONDAY	TUESDAY	WEDNESDAY	THURSDAY	FRIDAY	SATURDAY
30	31	1 *April Fools' Day*	2	3	4	5
6	7	8	9	10	11	12
13	14	15	16	17	18	19
20 *First day of Passover*	21	22 *Earth Day*	23 *Administrative Professionals Day (USA)* *St. George's Day (UK)*	24	25 *Holy Friday (Orthodox)* *Anzac Day (Australia, NZ)*	26
27 *Last day of Passover* *Easter (Orthodox)*	28	29	30	1	2	3

MARCH 2008

S	M	T	W	T	F	S
24	25	26	27	28	29	1
2	3	4	5	6	7	8
9	10	11	12	13	14	15
16	17	18	19	20	21	22
23	24	25	26	27	28	29
30	31	1	2	3	4	5

NOTES

MAY 2008

S	M	T	W	T	F	S
27	28	29	30	1	2	3
4	5	6	7	8	9	10
11	12	13	14	15	16	17
18	19	20	21	22	23	24
25	26	27	28	29	30	31
1	2	3	4	5	6	7

NOTES

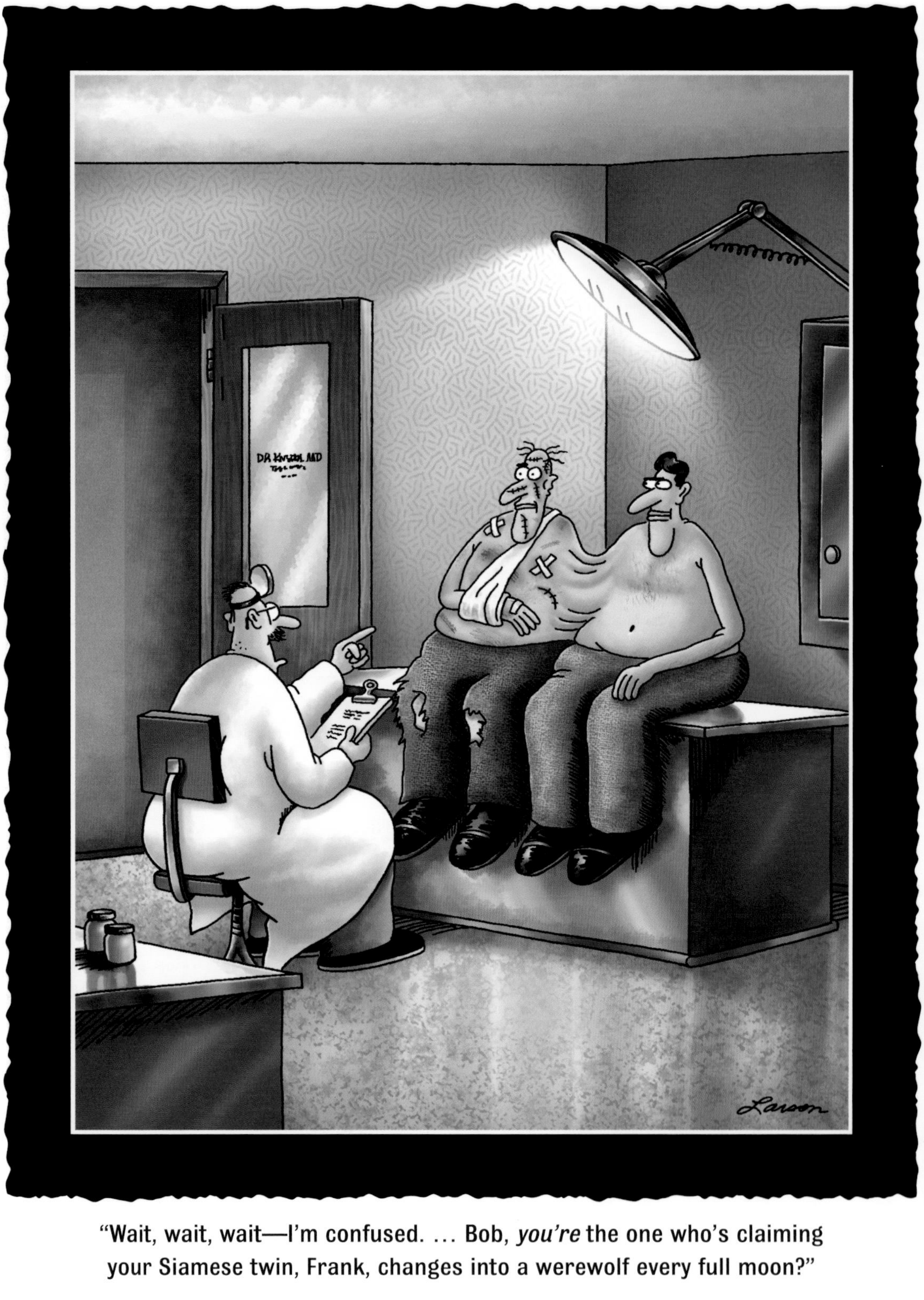

"Wait, wait, wait—I'm confused. ... Bob, *you're* the one who's claiming your Siamese twin, Frank, changes into a werewolf every full moon?"

MAR-APR 2008

MONDAY 31	
TUESDAY 1	*April Fools' Day*
WEDNESDAY 2	
THURSDAY 3	
FRIDAY 4	
SATURDAY 5	
SUNDAY 6	

MARCH 2008

S	M	T	W	T	F	S
24	25	26	27	28	29	1
2	3	4	5	6	7	8
9	10	11	12	13	14	15
16	17	18	19	20	21	22
23	24	25	26	27	28	29
30	31	1	2	3	4	5

NOTES

APRIL 2008

S	M	T	W	T	F	S
30	31	1	2	3	4	5
6	7	8	9	10	11	12
13	14	15	16	17	18	19
20	21	22	23	24	25	26
27	28	29	30	1	2	3
4	5	6	7	8	9	10

“Shove off, buddy … I’ve been working this neighborhood for years.”

APRIL 2008

MONDAY 7	
TUESDAY 8	
WEDNESDAY 9	
THURSDAY 10	
FRIDAY 11	
SATURDAY 12	
SUNDAY 13	

APRIL 2008

S	M	T	W	T	F	S
30	31	1	2	3	4	5
6	7	8	9	10	11	12
13	14	15	16	17	18	19
20	21	22	23	24	25	26
27	28	29	30	1	2	3
4	5	6	7	8	9	10

NOTES

MAY 2008

S	M	T	W	T	F	S
27	28	29	30	1	2	3
4	5	6	7	8	9	10
11	12	13	14	15	16	17
18	19	20	21	22	23	24
25	26	27	28	29	30	31
1	2	3	4	5	6	7

"Won't talk, huh? … Frankie! Hand me that scaler."

APRIL 2008

MONDAY
14

TUESDAY
15

WEDNESDAY
16

THURSDAY
17

FRIDAY
18

SATURDAY
19

SUNDAY
20

First day of Passover

APRIL 2008

S	M	T	W	T	F	S
30	31	1	2	3	4	5
6	7	8	9	10	11	12
13	14	15	16	17	18	19
20	21	22	23	24	25	26
27	28	29	30	1	2	3
4	5	6	7	8	9	10

NOTES

MAY 2008

S	M	T	W	T	F	S
27	28	29	30	1	2	3
4	5	6	7	8	9	10
11	12	13	14	15	16	17
18	19	20	21	22	23	24
25	26	27	28	29	30	31
1	2	3	4	5	6	7

Larson

APRIL 2008

MONDAY
21

TUESDAY
22
Earth Day

WEDNESDAY
23
Administrative Professionals Day (USA)
St. George's Day (UK)

THURSDAY
24

FRIDAY
25
Holy Friday (Orthodox)
Anzac Day (Australia, NZ)

SATURDAY
26

SUNDAY
27
Last day of Passover
Easter (Orthodox)

APRIL 2008

S	M	T	W	T	F	S
30	31	1	2	3	4	5
6	7	8	9	10	11	12
13	14	15	16	17	18	19
20	21	22	23	24	25	26
27	28	29	30	1	2	3
4	5	6	7	8	9	10

NOTES

MAY 2008

S	M	T	W	T	F	S
27	28	29	30	1	2	3
4	5	6	7	8	9	10
11	12	13	14	15	16	17
18	19	20	21	22	23	24
25	26	27	28	29	30	31
1	2	3	4	5	6	7

MAY 2008

SUNDAY	MONDAY	TUESDAY	WEDNESDAY	THURSDAY	FRIDAY	SATURDAY
27	28	29	30	1 *May Day*	2	3
4	5 *Labour Day (Australia—QLD)* *Early May Bank Holiday (Eire, UK, Australia—NT)*	6	7	8	9	10
11 *Mother's Day (USA, Australia, Canada, NZ)*	12	13	14	15	16	17 *Armed Forces Day (USA)*
18	19 *Victoria Day (Canada)*	20	21	22	23	24
25	26 *Memorial Day (USA)* *Spring Bank Holiday (UK)*	27	28	29	30	31

APRIL 2008

S	M	T	W	T	F	S
30	31	1	2	3	4	5
6	7	8	9	10	11	12
13	14	15	16	17	18	19
20	21	22	23	24	25	26
27	28	29	30	1	2	3
4	5	6	7	8	9	10

NOTES

JUNE 2008

S	M	T	W	T	F	S
1	2	3	4	5	6	7
8	9	10	11	12	13	14
15	16	17	18	19	20	21
22	23	24	25	26	27	28
29	30	1	2	3	4	5
6	7	8	9	10	11	12

NOTES

"Well, this is getting nowhere fast."

APR–MAY 2008

MONDAY
28

TUESDAY
29

WEDNESDAY
30

THURSDAY
1
May Day

FRIDAY
2

SATURDAY
3

SUNDAY
4

APRIL 2008

S	M	T	W	T	F	S
30	31	1	2	3	4	5
6	7	8	9	10	11	12
13	14	15	16	17	18	19
20	21	22	23	24	25	26
27	28	29	30	1	2	3
4	5	6	7	8	9	10

NOTES

MAY 2008

S	M	T	W	T	F	S
27	28	29	30	1	2	3
4	5	6	7	8	9	10
11	12	13	14	15	16	17
18	19	20	21	22	23	24
25	26	27	28	29	30	31
1	2	3	4	5	6	7

"Okay! Now don't move, Andy! … Here comes Mom!"

MAY 2008

MONDAY 5	Labour Day (Australia—QLD) Early May Bank Holiday (Eire, UK, Australia—NT)
TUESDAY 6	
WEDNESDAY 7	
THURSDAY 8	
FRIDAY 9	
SATURDAY 10	
SUNDAY 11	Mother's Day (USA, Australia, Canada, NZ)

MAY 2008

S	M	T	W	T	F	S
27	28	29	30	1	2	3
4	5	6	7	8	9	10
11	12	13	14	15	16	17
18	19	20	21	22	23	24
25	26	27	28	29	30	31
1	2	3	4	5	6	7

NOTES

JUNE 2008

S	M	T	W	T	F	S
1	2	3	4	5	6	7
8	9	10	11	12	13	14
15	16	17	18	19	20	21
22	23	24	25	26	27	28
29	30	1	2	3	4	5
6	7	8	9	10	11	12

"Why, yes ... we do have two children who won't eat their vegetables."

MAY 2008

MONDAY 12	
TUESDAY 13	
WEDNESDAY 14	
THURSDAY 15	
FRIDAY 16	
SATURDAY 17	*Armed Forces Day (USA)*
SUNDAY 18	

MAY 2008

S	M	T	W	T	F	S
27	28	29	30	1	2	3
4	5	6	7	8	9	10
11	12	13	14	15	16	17
18	19	20	21	22	23	24
25	26	27	28	29	30	31
1	2	3	4	5	6	7

NOTES

JUNE 2008

S	M	T	W	T	F	S
1	2	3	4	5	6	7
8	9	10	11	12	13	14
15	16	17	18	19	20	21
22	23	24	25	26	27	28
29	30	1	2	3	4	5
6	7	8	9	10	11	12

Slowly he would cruise the neighborhood, waiting for that occasional careless child who confused him with another vendor.

MAY 2008

MONDAY
19
Victoria Day (Canada)

TUESDAY
20

WEDNESDAY
21

THURSDAY
22

FRIDAY
23

SATURDAY
24

SUNDAY
25

MAY 2008

S	M	T	W	T	F	S
27	28	29	30	1	2	3
4	5	6	7	8	9	10
11	12	13	14	15	16	17
18	19	20	21	22	23	24
25	26	27	28	29	30	31
1	2	3	4	5	6	7

NOTES

JUNE 2008

S	M	T	W	T	F	S
1	2	3	4	5	6	7
8	9	10	11	12	13	14
15	16	17	18	19	20	21
22	23	24	25	26	27	28
29	30	1	2	3	4	5
6	7	8	9	10	11	12

JUNE 2008

SUNDAY	MONDAY	TUESDAY	WEDNESDAY	THURSDAY	FRIDAY	SATURDAY
1	2 *Queen's Birthday (NZ)* *Foundation Day (Australia—WA)* *Bank Holiday (Eire)*	3	4	5	6	7
8	9 *Queen's Birthday (Australia—except WA)*	10	11	12	13	14 *Flag Day (USA)*
15 *Father's Day (USA, Canada, UK)*	16	17	18	19	20 *First day of summer*	21
22	23	24	25	26	27	28
29	30	1	2	3	4	5

MAY 2008

S	M	T	W	T	F	S
27	28	29	30	1	2	3
4	5	6	7	8	9	10
11	12	13	14	15	16	17
18	19	20	21	22	23	24
25	26	27	28	29	30	31
1	2	3	4	5	6	7

NOTES

JULY 2008

S	M	T	W	T	F	S
29	30	1	2	3	4	5
6	7	8	9	10	11	12
13	14	15	16	17	18	19
20	21	22	23	24	25	26
27	28	29	30	31	1	2
3	4	5	6	7	8	9

NOTES

"Up! Up! Bring me up!"

MAY-JUNE 2008

MONDAY 26	*Memorial Day (USA)* *Spring Bank Holiday (UK)*
TUESDAY 27	
WEDNESDAY 28	
THURSDAY 29	
FRIDAY 30	
SATURDAY 31	
SUNDAY 1	

MAY 2008

S	M	T	W	T	F	S
27	28	29	30	1	2	3
4	5	6	7	8	9	10
11	12	13	14	15	16	17
18	19	20	21	22	23	24
25	26	27	28	29	30	31
1	2	3	4	5	6	7

NOTES

JUNE 2008

S	M	T	W	T	F	S
1	2	3	4	5	6	7
8	9	10	11	12	13	14
15	16	17	18	19	20	21
22	23	24	25	26	27	28
29	30	1	2	3	4	5
6	7	8	9	10	11	12

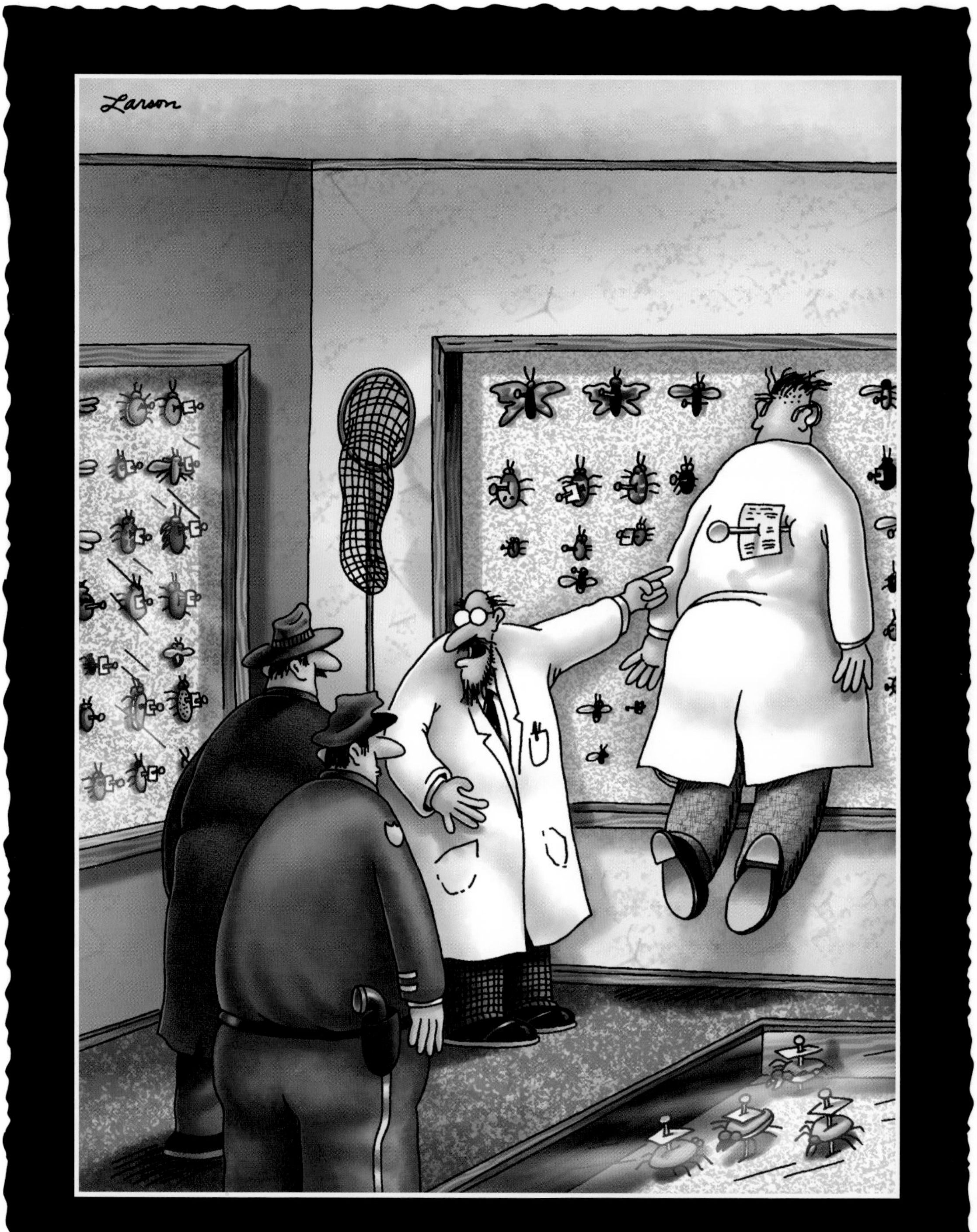

"Professor LaVonne had many enemies in the entomological world, detective, but if you examine that data label, you'll find exactly when and where he was—shall we say—'collected.'"

JUNE 2008

MONDAY

2

Queen's Birthday (NZ)
Foundation Day (Australia—WA)
Bank Holiday (Eire)

TUESDAY

3

WEDNESDAY

4

THURSDAY

5

FRIDAY

6

SATURDAY

7

SUNDAY

8

JUNE 2008

S	M	T	W	T	F	S
1	2	3	4	5	6	7
8	9	10	11	12	13	14
15	16	17	18	19	20	21
22	23	24	25	26	27	28
29	30	1	2	3	4	5
6	7	8	9	10	11	12

NOTES

JULY 2008

S	M	T	W	T	F	S
29	30	1	2	3	4	5
6	7	8	9	10	11	12
13	14	15	16	17	18	19
20	21	22	23	24	25	26
27	28	29	30	31	1	2
3	4	5	6	7	8	9

"Uh-oh, Donny. Sounds like the monster in the basement has heard you crying again. ... Let's be reeeeal quiet and hope he goes away."

JUNE 2008

MONDAY	
9	Queen's Birthday (Australia—except WA)
TUESDAY	
10	
WEDNESDAY	
11	
THURSDAY	
12	
FRIDAY	
13	
SATURDAY	
14	Flag Day (USA)
SUNDAY	
15	Father's Day (USA, Canada, UK)

JUNE 2008

S	M	T	W	T	F	S
1	2	3	4	5	6	7
8	9	10	11	12	13	14
15	16	17	18	19	20	21
22	23	24	25	26	27	28
29	30	1	2	3	4	5
6	7	8	9	10	11	12

NOTES

JULY 2008

S	M	T	W	T	F	S
29	30	1	2	3	4	5
6	7	8	9	10	11	12
13	14	15	16	17	18	19
20	21	22	23	24	25	26
27	28	29	30	31	1	2
3	4	5	6	7	8	9

“That *was* fast! … Gunther! The Diver Delivery guy is here.”

JUNE 2008

MONDAY
16

TUESDAY
17

WEDNESDAY
18

THURSDAY
19

FRIDAY
20

First day of summer

SATURDAY
21

SUNDAY
22

JUNE 2008

S	M	T	W	T	F	S
1	2	3	4	5	6	7
8	9	10	11	12	13	14
15	16	17	18	19	20	21
22	23	24	25	26	27	28
29	30	1	2	3	4	5
6	7	8	9	10	11	12

NOTES

JULY 2008

S	M	T	W	T	F	S
29	30	1	2	3	4	5
6	7	8	9	10	11	12
13	14	15	16	17	18	19
20	21	22	23	24	25	26
27	28	29	30	31	1	2
3	4	5	6	7	8	9

RETURN
OF
THE KILLER
WINDSHIELD
Larson

JUNE 2008

MONDAY 23	
TUESDAY 24	
WEDNESDAY 25	
THURSDAY 26	
FRIDAY 27	
SATURDAY 28	SUNDAY 29

JUNE 2008

S	M	T	W	T	F	S
1	2	3	4	5	6	7
8	9	10	11	12	13	14
15	16	17	18	19	20	21
22	23	24	25	26	27	28
29	30	1	2	3	4	5
6	7	8	9	10	11	12

NOTES

JULY 2008

S	M	T	W	T	F	S
29	30	1	2	3	4	5
6	7	8	9	10	11	12
13	14	15	16	17	18	19
20	21	22	23	24	25	26
27	28	29	30	31	1	2
3	4	5	6	7	8	9

JULY 2008

SUNDAY	MONDAY	TUESDAY	WEDNESDAY	THURSDAY	FRIDAY	SATURDAY
29	30	1 Canada Day	2	3	4 Independence Day (USA)	5
6	7	8	9	10	11	12
13	14	15	16	17	18	19
20	21	22	23	24	25	26
27	28	29	30	31	1	2

JUNE 2008

S	M	T	W	T	F	S
1	2	3	4	5	6	7
8	9	10	11	12	13	14
15	16	17	18	19	20	21
22	23	24	25	26	27	28
29	30	1	2	3	4	5
6	7	8	9	10	11	12

NOTES

AUGUST 2008

S	M	T	W	T	F	S
27	28	29	30	31	1	2
3	4	5	6	7	8	9
10	11	12	13	14	15	16
17	18	19	20	21	22	23
24	25	26	27	28	29	30
31	1	2	3	4	5	6

NOTES

"There! Quick, Larry! Look! ... Was I kidding? ... That sucker's longer than the boat!"

JUNE-JULY 2008

MONDAY
30

TUESDAY
1
Canada Day

WEDNESDAY
2

THURSDAY
3

FRIDAY
4
Independence Day (USA)

SATURDAY
5

SUNDAY
6

JUNE 2008

S	M	T	W	T	F	S
1	2	3	4	5	6	7
8	9	10	11	12	13	14
15	16	17	18	19	20	21
22	23	24	25	26	27	28
29	30	1	2	3	4	5
6	7	8	9	10	11	12

NOTES

JULY 2008

S	M	T	W	T	F	S
29	30	1	2	3	4	5
6	7	8	9	10	11	12
13	14	15	16	17	18	19
20	21	22	23	24	25	26
27	28	29	30	31	1	2
3	4	5	6	7	8	9

"And then one of the little kids shined his flashlight into the corner of the basement, and there they saw these strange jars. ... Some said 'creamy,' some said 'crunchy.'..."

JULY 2008

MONDAY 7
TUESDAY 8
WEDNESDAY 9
THURSDAY 10
FRIDAY 11
SATURDAY 12
SUNDAY 13

JULY 2008

S	M	T	W	T	F	S
29	30	1	2	3	4	5
6	7	8	9	10	11	12
13	14	15	16	17	18	19
20	21	22	23	24	25	26
27	28	29	30	31	1	2
3	4	5	6	7	8	9

NOTES

AUGUST 2008

S	M	T	W	T	F	S
27	28	29	30	31	1	2
3	4	5	6	7	8	9
10	11	12	13	14	15	16
17	18	19	20	21	22	23
24	25	26	27	28	29	30
31	1	2	3	4	5	6

Piglet practical jokes

JULY 2008

MONDAY 14	
TUESDAY 15	
WEDNESDAY 16	
THURSDAY 17	
FRIDAY 18	
SATURDAY 19	
SUNDAY 20	

JULY 2008

S	M	T	W	T	F	S
29	30	1	2	3	4	5
6	7	8	9	10	11	12
13	14	15	16	17	18	19
20	21	22	23	24	25	26
27	28	29	30	31	1	2
3	4	5	6	7	8	9

NOTES

AUGUST 2008

S	M	T	W	T	F	S
27	28	29	30	31	1	2
3	4	5	6	7	8	9
10	11	12	13	14	15	16
17	18	19	20	21	22	23
24	25	26	27	28	29	30
31	1	2	3	4	5	6

What really happened to Elvis

JULY 2008

MONDAY
21

TUESDAY
22

WEDNESDAY
23

THURSDAY
24

FRIDAY
25

SATURDAY
26

SUNDAY
27

JULY 2008

S	M	T	W	T	F	S
29	30	1	2	3	4	5
6	7	8	9	10	11	12
13	14	15	16	17	18	19
20	21	22	23	24	25	26
27	28	29	30	31	1	2
3	4	5	6	7	8	9

NOTES

AUGUST 2008

S	M	T	W	T	F	S
27	28	29	30	31	1	2
3	4	5	6	7	8	9
10	11	12	13	14	15	16
17	18	19	20	21	22	23
24	25	26	27	28	29	30
31	1	2	3	4	5	6

AUGUST 2008

SUNDAY	MONDAY	TUESDAY	WEDNESDAY	THURSDAY	FRIDAY	SATURDAY
27	28	29	30	31	1	2
3	4 *Bank Holiday (Eire, Scotland, Australia—ACT, NSW)* *Picnic Day (Australia—NT)*	5	6	7	8	9
10	11	12	13	14	15	16
17	18	19	20	21	22	23
24 / 31	25 *Summer Bank Holiday (UK—except Scotland)*	26	27	28	29	30

JULY 2008

S	M	T	W	T	F	S
29	30	1	2	3	4	5
6	7	8	9	10	11	12
13	14	15	16	17	18	19
20	21	22	23	24	25	26
27	28	29	30	31	1	2
3	4	5	6	7	8	9

NOTES

SEPTEMBER 2008

S	M	T	W	T	F	S
31	1	2	3	4	5	6
7	8	9	10	11	12	13
14	15	16	17	18	19	20
21	22	23	24	25	26	27
28	29	30	1	2	3	4
5	6	7	8	9	10	11

NOTES

Larson
Bottom of the pecking order, eh?.. Oh, I don't think so... Ha ha ha ha ha ha!..

JULY-AUG 2008

MONDAY
28

TUESDAY
29

WEDNESDAY
30

THURSDAY
31

FRIDAY
1

SATURDAY
2

SUNDAY
3

JULY 2008

S	M	T	W	T	F	S
29	30	1	2	3	4	5
6	7	8	9	10	11	12
13	14	15	16	17	18	19
20	21	22	23	24	25	26
27	28	29	30	31	1	2
3	4	5	6	7	8	9

NOTES

AUGUST 2008

S	M	T	W	T	F	S
27	28	29	30	31	1	2
3	4	5	6	7	8	9
10	11	12	13	14	15	16
17	18	19	20	21	22	23
24	25	26	27	28	29	30
31	1	2	3	4	5	6

The monster snorkel: allows your child to breathe comfortably
without exposing vulnerable parts to an attack.

AUGUST 2008

MONDAY
4

Bank Holiday (Eire, Scotland, Australia—ACT, NSW)
Picnic Day (Australia—NT)

TUESDAY
5

WEDNESDAY
6

THURSDAY
7

FRIDAY
8

SATURDAY
9

SUNDAY
10

AUGUST 2008

S	M	T	W	T	F	S
27	28	29	30	31	1	2
3	4	5	6	7	8	9
10	11	12	13	14	15	16
17	18	19	20	21	22	23
24	25	26	27	28	29	30
31	1	2	3	4	5	6

NOTES

SEPTEMBER 2008

S	M	T	W	T	F	S
31	1	2	3	4	5	6
7	8	9	10	11	12	13
14	15	16	17	18	19	20
21	22	23	24	25	26	27
28	29	30	1	2	3	4
5	6	7	8	9	10	11

Larson

AUGUST 2008

MONDAY
11

TUESDAY
12

WEDNESDAY
13

THURSDAY
14

FRIDAY
15

SATURDAY
16

SUNDAY
17

AUGUST 2008

S	M	T	W	T	F	S
27	28	29	30	31	1	2
3	4	5	6	7	8	9
10	11	12	13	14	15	16
17	18	19	20	21	22	23
24	25	26	27	28	29	30
31	1	2	3	4	5	6

NOTES

SEPTEMBER 2008

S	M	T	W	T	F	S
31	1	2	3	4	5	6
7	8	9	10	11	12	13
14	15	16	17	18	19	20
21	22	23	24	25	26	27
28	29	30	1	2	3	4
5	6	7	8	9	10	11

"Dad! Find out if they have cable!"

AUGUST 2008

MONDAY 18

TUESDAY 19

WEDNESDAY 20

THURSDAY 21

FRIDAY 22

SATURDAY 23

SUNDAY 24

AUGUST 2008

S	M	T	W	T	F	S
27	28	29	30	31	1	2
3	4	5	6	7	8	9
10	11	12	13	14	15	16
17	18	19	20	21	22	23
24	25	26	27	28	29	30
31	1	2	3	4	5	6

NOTES

SEPTEMBER 2008

S	M	T	W	T	F	S
31	1	2	3	4	5	6
7	8	9	10	11	12	13
14	15	16	17	18	19	20
21	22	23	24	25	26	27
28	29	30	1	2	3	4
5	6	7	8	9	10	11

"See, Barbara? There's no one in here, no one outside. ...
I'll even open the drapes and have a look."

AUGUST 2008

MONDAY 25	*Summer Bank Holiday (UK—except Scotland)*
TUESDAY 26	
WEDNESDAY 27	
THURSDAY 28	
FRIDAY 29	
SATURDAY 30	SUNDAY 31

AUGUST 2008

S	M	T	W	T	F	S
27	28	29	30	31	1	2
3	4	5	6	7	8	9
10	11	12	13	14	15	16
17	18	19	20	21	22	23
24	25	26	27	28	29	30
31	1	2	3	4	5	6

NOTES

SEPTEMBER 2008

S	M	T	W	T	F	S
31	1	2	3	4	5	6
7	8	9	10	11	12	13
14	15	16	17	18	19	20
21	22	23	24	25	26	27
28	29	30	1	2	3	4
5	6	7	8	9	10	11

SEPTEMBER 2008

SUNDAY	MONDAY	TUESDAY	WEDNESDAY	THURSDAY	FRIDAY	SATURDAY
31	1 *Labor Day (USA, Canada)*	2	3	4	5	6
7 *Father's Day (Australia, NZ)*	8	9	10	11	12	13
14	15	16	17	18	19	20
21	22 *First day of autumn*	23	24	25	26	27
28	29 *Queen's Birthday (Australia—WA)*	30 *Rosh Hashanah begins*	1	2	3	4

AUGUST 2008

S	M	T	W	T	F	S
27	28	29	30	31	1	2
3	4	5	6	7	8	9
10	11	12	13	14	15	16
17	18	19	20	21	22	23
24	25	26	27	28	29	30
31	1	2	3	4	5	6

NOTES

OCTOBER 2008

S	M	T	W	T	F	S
28	29	30	1	2	3	4
5	6	7	8	9	10	11
12	13	14	15	16	17	18
19	20	21	22	23	24	25
26	27	28	29	30	31	1
2	3	4	5	6	7	8

NOTES

"RUB HIS BELLY, ERNIE! RUB HIS BELLY!"

SEPTEMBER 2008

MONDAY 1	*Labor Day (USA, Canada)*
TUESDAY 2	
WEDNESDAY 3	
THURSDAY 4	
FRIDAY 5	
SATURDAY 6	
SUNDAY 7	*Father's Day (Australia, NZ)*

SEPTEMBER 2008

S	M	T	W	T	F	S
31	1	2	3	4	5	6
7	8	9	10	11	12	13
14	15	16	17	18	19	20
21	22	23	24	25	26	27
28	29	30	1	2	3	4
5	6	7	8	9	10	11

NOTES

OCTOBER 2008

S	M	T	W	T	F	S
28	29	30	1	2	3	4
5	6	7	8	9	10	11
12	13	14	15	16	17	18
19	20	21	22	23	24	25
26	27	28	29	30	31	1
2	3	4	5	6	7	8

Animal joke gifts

SEPTEMBER 2008

MONDAY
8

TUESDAY
9

WEDNESDAY
10

THURSDAY
11

FRIDAY
12

SATURDAY
13

SUNDAY
14

SEPTEMBER 2008

S	M	T	W	T	F	S
31	1	2	3	4	5	6
7	8	9	10	11	12	13
14	15	16	17	18	19	20
21	22	23	24	25	26	27
28	29	30	1	2	3	4
5	6	7	8	9	10	11

NOTES

OCTOBER 2008

S	M	T	W	T	F	S
28	29	30	1	2	3	4
5	6	7	8	9	10	11
12	13	14	15	16	17	18
19	20	21	22	23	24	25
26	27	28	29	30	31	1
2	3	4	5	6	7	8

"If there're monsters moving in next door, Danny, you just ignore them. The more you believe in them, the more they'll try to get you."

SEPTEMBER 2008

MONDAY 15

TUESDAY 16

WEDNESDAY 17

THURSDAY 18

FRIDAY 19

SATURDAY 20

SUNDAY 21

SEPTEMBER 2008

S	M	T	W	T	F	S
31	1	2	3	4	5	6
7	8	9	10	11	12	13
14	15	16	17	18	19	20
21	22	23	24	25	26	27
28	29	30	1	2	3	4
5	6	7	8	9	10	11

NOTES

OCTOBER 2008

S	M	T	W	T	F	S
28	29	30	1	2	3	4
5	6	7	8	9	10	11
12	13	14	15	16	17	18
19	20	21	22	23	24	25
26	27	28	29	30	31	1
2	3	4	5	6	7	8

The door swung wide, and there, to the horror of the other pirates, stood Captain Monet—unmistakable with his one eye and pegbody.

SEPTEMBER 2008

MONDAY
22
First day of autumn

TUESDAY
23

WEDNESDAY
24

THURSDAY
25

FRIDAY
26

SATURDAY
27

SUNDAY
28

SEPTEMBER 2008

S	M	T	W	T	F	S
31	1	2	3	4	5	6
7	8	9	10	11	12	13
14	15	16	17	18	19	20
21	22	23	24	25	26	27
28	29	30	1	2	3	4
5	6	7	8	9	10	11

NOTES

OCTOBER 2008

S	M	T	W	T	F	S
28	29	30	1	2	3	4
5	6	7	8	9	10	11
12	13	14	15	16	17	18
19	20	21	22	23	24	25
26	27	28	29	30	31	1
2	3	4	5	6	7	8

OCTOBER 2008

SUNDAY	MONDAY	TUESDAY	WEDNESDAY	THURSDAY	FRIDAY	SATURDAY
28	29	30	1 *Rosh Hashanah ends*	2	3	4
5	6 *Labour Day (Australia—ACT, NSW, SA)*	7	8	9 *Yom Kippur*	10	11
12	13 *Columbus Day (USA)* *Thanksgiving (Canada)*	14	15	16	17	18
19	20	21	22	23	24 *United Nations Day*	25
26	27 *Labour Day (NZ)* *Bank Holiday (Eire)*	28	29	30	31 *Halloween*	1

SEPTEMBER 2008

S	M	T	W	T	F	S
31	1	2	3	4	5	6
7	8	9	10	11	12	13
14	15	16	17	18	19	20
21	22	23	24	25	26	27
28	29	30	1	2	3	4
5	6	7	8	9	10	11

NOTES

NOVEMBER 2008

S	M	T	W	T	F	S
26	27	28	29	30	31	1
2	3	4	5	6	7	8
9	10	11	12	13	14	15
16	17	18	19	20	21	22
23	24	25	26	27	28	29
30	1	2	3	4	5	6

NOTES

"The dentist just buzzed me, Mrs. Lewellyn—he's ready to see Bobby now."

SEPT-OCT 2008

MONDAY 29
Queen's Birthday (Australia—WA)

TUESDAY 30
Rosh Hashanah begins

WEDNESDAY 1
Rosh Hashanah ends

THURSDAY 2

FRIDAY 3

SATURDAY 4

SUNDAY 5

SEPTEMBER 2008

S	M	T	W	T	F	S
31	1	2	3	4	5	6
7	8	9	10	11	12	13
14	15	16	17	18	19	20
21	22	23	24	25	26	27
28	29	30	1	2	3	4
5	6	7	8	9	10	11

NOTES

OCTOBER 2008

S	M	T	W	T	F	S
28	29	30	1	2	3	4
5	6	7	8	9	10	11
12	13	14	15	16	17	18
19	20	21	22	23	24	25
26	27	28	29	30	31	1
2	3	4	5	6	7	8

"Now let me get this straight. ... We hired you to babysit the kids, and instead you cooked and ate them *both?*"

OCTOBER 2008

MONDAY 6	Labour Day (Australia—ACT, NSW, SA)
TUESDAY 7	
WEDNESDAY 8	
THURSDAY 9	Yom Kippur
FRIDAY 10	
SATURDAY 11	
SUNDAY 12	

OCTOBER 2008

S	M	T	W	T	F	S
28	29	30	1	2	3	4
5	6	7	8	9	10	11
12	13	14	15	16	17	18
19	20	21	22	23	24	25
26	27	28	29	30	31	1
2	3	4	5	6	7	8

NOTES

NOVEMBER 2008

S	M	T	W	T	F	S
26	27	28	29	30	31	1
2	3	4	5	6	7	8
9	10	11	12	13	14	15
16	17	18	19	20	21	22
23	24	25	26	27	28	29
30	1	2	3	4	5	6

"Oo! ... Here he comes to feed on the milk of the living."

OCTOBER 2008

MONDAY 13	*Columbus Day (USA)* *Thanksgiving (Canada)*
TUESDAY 14	
WEDNESDAY 15	
THURSDAY 16	
FRIDAY 17	
SATURDAY 18	
SUNDAY 19	

OCTOBER 2008

S	M	T	W	T	F	S
28	29	30	1	2	3	4
5	6	7	8	9	10	11
12	13	14	15	16	17	18
19	20	21	22	23	24	25
26	27	28	29	30	31	1
2	3	4	5	6	7	8

NOTES

NOVEMBER 2008

S	M	T	W	T	F	S
26	27	28	29	30	31	1
2	3	4	5	6	7	8
9	10	11	12	13	14	15
16	17	18	19	20	21	22
23	24	25	26	27	28	29
30	1	2	3	4	5	6

"I dunno, Andy. ... Mom said we were never to go near the old Sutter place."

OCTOBER 2008

MONDAY 20	
TUESDAY 21	
WEDNESDAY 22	
THURSDAY 23	
FRIDAY 24	*United Nations Day*
SATURDAY 25	
SUNDAY 26	

OCTOBER 2008

S	M	T	W	T	F	S
28	29	30	1	2	3	4
5	6	7	8	9	10	11
12	13	14	15	16	17	18
19	20	21	22	23	24	25
26	27	28	29	30	31	1
2	3	4	5	6	7	8

NOTES

NOVEMBER 2008

S	M	T	W	T	F	S
26	27	28	29	30	31	1
2	3	4	5	6	7	8
9	10	11	12	13	14	15
16	17	18	19	20	21	22
23	24	25	26	27	28	29
30	1	2	3	4	5	6

NOVEMBER 2008

SUNDAY	MONDAY	TUESDAY	WEDNESDAY	THURSDAY	FRIDAY	SATURDAY
26	27	28	29	30	31	1
2 Daylight Saving Time ends (USA)	3	4 Election Day (USA)	5	6	7	8
9	10	11 Veterans' Day (USA) Remembrance Day (Canada, UK)	12	13	14	15
16	17	18	19	20	21	22
23	24	25	26	27 Thanksgiving (USA)	28	29
30 St. Andrew's Day (UK)						

OCTOBER 2008

S	M	T	W	T	F	S
28	29	30	1	2	3	4
5	6	7	8	9	10	11
12	13	14	15	16	17	18
19	20	21	22	23	24	25
26	27	28	29	30	31	1
2	3	4	5	6	7	8

NOTES

DECEMBER 2008

S	M	T	W	T	F	S
30	1	2	3	4	5	6
7	8	9	10	11	12	13
14	15	16	17	18	19	20
21	22	23	24	25	26	27
28	29	30	31	1	2	3
4	5	6	7	8	9	10

NOTES

Clumsy ghosts

OCT-NOV 2008

Day	Date	Notes
MONDAY	27	*Labour Day (NZ)* *Bank Holiday (Eire)*
TUESDAY	28	
WEDNESDAY	29	
THURSDAY	30	
FRIDAY	31	*Halloween*
SATURDAY	1	
SUNDAY	2	*Daylight Saving Time ends (USA)*

OCTOBER 2008

S	M	T	W	T	F	S
28	29	30	1	2	3	4
5	6	7	8	9	10	11
12	13	14	15	16	17	18
19	20	21	22	23	24	25
26	27	28	29	30	31	1
2	3	4	5	6	7	8

NOTES

NOVEMBER 2008

S	M	T	W	T	F	S
26	27	28	29	30	31	1
2	3	4	5	6	7	8
9	10	11	12	13	14	15
16	17	18	19	20	21	22
23	24	25	26	27	28	29
30	1	2	3	4	5	6

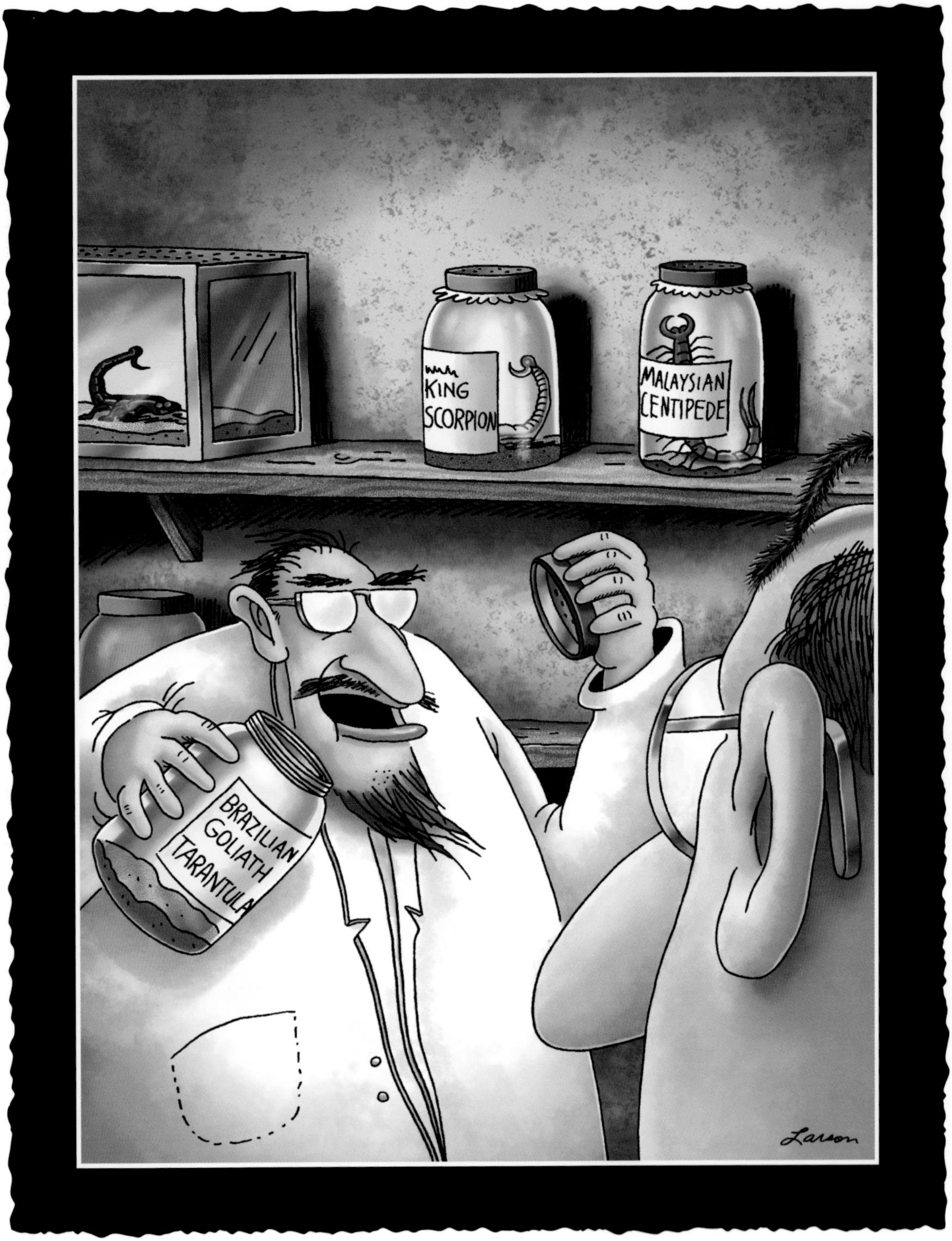

"*There* you are, my darling … Rawlings! Don't move!"

NOVEMBER 2008

MONDAY
3

TUESDAY
4
Election Day (USA)

WEDNESDAY
5

THURSDAY
6

FRIDAY
7

SATURDAY
8

SUNDAY
9

NOVEMBER 2008

S	M	T	W	T	F	S
26	27	28	29	30	31	1
2	3	4	5	6	7	8
9	10	11	12	13	14	15
16	17	18	19	20	21	22
23	24	25	26	27	28	29
30	1	2	3	4	5	6

NOTES

DECEMBER 2008

S	M	T	W	T	F	S
30	1	2	3	4	5	6
7	8	9	10	11	12	13
14	15	16	17	18	19	20
21	22	23	24	25	26	27
28	29	30	31	1	2	3
4	5	6	7	8	9	10

"Now, Grog! Throw! ... Throoooooow! ... Throw throw throw throw throw throw! ..."

NOVEMBER 2008

MONDAY
10

TUESDAY
11

Veterans' Day (USA)
Remembrance Day (Canada, UK)

WEDNESDAY
12

THURSDAY
13

FRIDAY
14

SATURDAY
15

SUNDAY
16

NOVEMBER 2008

S	M	T	W	T	F	S
26	27	28	29	30	31	1
2	3	4	5	6	7	8
9	10	11	12	13	14	15
16	17	18	19	20	21	22
23	24	25	26	27	28	29
30	1	2	3	4	5	6

NOTES

DECEMBER 2008

S	M	T	W	T	F	S
30	1	2	3	4	5	6
7	8	9	10	11	12	13
14	15	16	17	18	19	20
21	22	23	24	25	26	27
28	29	30	31	1	2	3
4	5	6	7	8	9	10

The parenting advantages of dentists

NOVEMBER 2008

MONDAY 17

TUESDAY 18

WEDNESDAY 19

THURSDAY 20

FRIDAY 21

SATURDAY 22

SUNDAY 23

NOVEMBER 2008

S	M	T	W	T	F	S
26	27	28	29	30	31	1
2	3	4	5	6	7	8
9	10	11	12	13	14	15
16	17	18	19	20	21	22
23	24	25	26	27	28	29
30	1	2	3	4	5	6

NOTES

DECEMBER 2008

S	M	T	W	T	F	S
30	1	2	3	4	5	6
7	8	9	10	11	12	13
14	15	16	17	18	19	20
21	22	23	24	25	26	27
28	29	30	31	1	2	3
4	5	6	7	8	9	10

Chicken cults

NOVEMBER 2008

MONDAY
24

TUESDAY
25

WEDNESDAY
26

THURSDAY
27

Thanksgiving (USA)

FRIDAY
28

SATURDAY
29

SUNDAY
30

St. Andrew's Day (UK)

NOVEMBER 2008

S	M	T	W	T	F	S
26	27	28	29	30	31	1
2	3	4	5	6	7	8
9	10	11	12	13	14	15
16	17	18	19	20	21	22
23	24	25	26	27	28	29
30	1	2	3	4	5	6

NOTES

DECEMBER 2008

S	M	T	W	T	F	S
30	1	2	3	4	5	6
7	8	9	10	11	12	13
14	15	16	17	18	19	20
21	22	23	24	25	26	27
28	29	30	31	1	2	3
4	5	6	7	8	9	10

DECEMBER 2008

SUNDAY	MONDAY	TUESDAY	WEDNESDAY	THURSDAY	FRIDAY	SATURDAY
30	1	2	3	4	5	6
7	8	9	10 *Human Rights Day*	11	12	13
14	15	16	17	18	19	20
21 *First day of winter*	22 *First day of Hanukkah*	23	24 *Christmas Eve*	25 *Christmas Day*	26 *Kwanzaa begins (USA)* *Boxing Day (Canada, NZ, UK, Australia—except SA)* *Proclamation Day (Australia—SA)* *St. Stephen's Day (Eire)*	27
28	29 *Last day of Hanukkah*	30	31	1	2	3

NOVEMBER 2008

S	M	T	W	T	F	S
26	27	28	29	30	31	1
2	3	4	5	6	7	8
9	10	11	12	13	14	15
16	17	18	19	20	21	22
23	24	25	26	27	28	29
30	1	2	3	4	5	6

NOTES

JANUARY 2009

S	M	T	W	T	F	S
28	29	30	31	1	2	3
4	5	6	7	8	9	10
11	12	13	14	15	16	17
18	19	20	21	22	23	24
25	26	27	28	29	30	31
1	2	3	4	5	6	7

NOTES

"That story again? ... Well, one stormy night,
when the whole family was asleep, your grandfather quietly rose
from his bed, took an ax, and made all you little grandkids."

DECEMBER 2008

MONDAY	
1	
TUESDAY	
2	
WEDNESDAY	
3	
THURSDAY	
4	
FRIDAY	
5	

SATURDAY			SUNDAY
6			7

DECEMBER 2008

S	M	T	W	T	F	S
30	1	2	3	4	5	6
7	8	9	10	11	12	13
14	15	16	17	18	19	20
21	22	23	24	25	26	27
28	29	30	31	1	2	3
4	5	6	7	8	9	10

NOTES

JANUARY 2009

S	M	T	W	T	F	S
28	29	30	31	1	2	3
4	5	6	7	8	9	10
11	12	13	14	15	16	17
18	19	20	21	22	23	24
25	26	27	28	29	30	31
1	2	3	4	5	6	7

"Pretty cool, Dewey. ... Hey! Shake the jar and see if they'll fight!"

DECEMBER 2008

MONDAY 8	
TUESDAY 9	
WEDNESDAY 10	*Human Rights Day*
THURSDAY 11	
FRIDAY 12	
SATURDAY 13	SUNDAY 14

DECEMBER 2008

S	M	T	W	T	F	S
30	1	2	3	4	5	6
7	8	9	10	11	12	13
14	15	16	17	18	19	20
21	22	23	24	25	26	27
28	29	30	31	1	2	3
4	5	6	7	8	9	10

NOTES

JANUARY 2009

S	M	T	W	T	F	S
28	29	30	31	1	2	3
4	5	6	7	8	9	10
11	12	13	14	15	16	17
18	19	20	21	22	23	24
25	26	27	28	29	30	31
1	2	3	4	5	6	7

"Hey, who's that? ... Oh—Mitch, the janitor.
Well, our first test run has just gotten a little more interesting."

DECEMBER 2008

MONDAY
15

TUESDAY
16

WEDNESDAY
17

THURSDAY
18

FRIDAY
19

SATURDAY
20

First day of winter

SUNDAY
21

DECEMBER 2008

S	M	T	W	T	F	S
30	1	2	3	4	5	6
7	8	9	10	11	12	13
14	15	16	17	18	19	20
21	22	23	24	25	26	27
28	29	30	31	1	2	3
4	5	6	7	8	9	10

NOTES

JANUARY 2009

S	M	T	W	T	F	S
28	29	30	31	1	2	3
4	5	6	7	8	9	10
11	12	13	14	15	16	17
18	19	20	21	22	23	24
25	26	27	28	29	30	31
1	2	3	4	5	6	7

Eventually, Stevie looked up: His mother was nowhere in sight, and this was certainly no longer the toy department.

DECEMBER 2008

MONDAY
22
First day of Hanukkah

TUESDAY
23

WEDNESDAY
24
Christmas Eve

THURSDAY
25
Christmas Day

FRIDAY
26
Kwanzaa begins (USA)
Boxing Day (Canada, NZ, UK, Australia—except SA)
Proclamation Day (Australia—SA)
St. Stephen's Day (Eire)

SATURDAY
27

SUNDAY
28

DECEMBER 2008

S	M	T	W	T	F	S
30	1	2	3	4	5	6
7	8	9	10	11	12	13
14	15	16	17	18	19	20
21	22	23	24	25	26	27
28	29	30	31	1	2	3
4	5	6	7	8	9	10

NOTES

JANUARY 2009

S	M	T	W	T	F	S
28	29	30	31	1	2	3
4	5	6	7	8	9	10
11	12	13	14	15	16	17
18	19	20	21	22	23	24
25	26	27	28	29	30	31
1	2	3	4	5	6	7

Things that go bump in the night

DEC 2008–JAN 2009

MONDAY
29
Last day of Hanukkah

TUESDAY
30

WEDNESDAY
31

THURSDAY
1
New Year's Day
Kwanzaa ends (USA)
Bank Holiday (UK)

FRIDAY
2

SATURDAY
3

SUNDAY
4

DECEMBER 2008

S	M	T	W	T	F	S
30	1	2	3	4	5	6
7	8	9	10	11	12	13
14	15	16	17	18	19	20
21	22	23	24	25	26	27
28	29	30	31	1	2	3
4	5	6	7	8	9	10

NOTES

JANUARY 2009

S	M	T	W	T	F	S
28	29	30	31	1	2	3
4	5	6	7	8	9	10
11	12	13	14	15	16	17
18	19	20	21	22	23	24
25	26	27	28	29	30	31
1	2	3	4	5	6	7

JANUARY 2009

FEBRUARY 2009

MARCH 2009

APRIL 2009

MAY 2009

JUNE 2009

JULY 2009

AUGUST 2009

SEPTEMBER 2009

OCTOBER 2009

NOVEMBER 2009

DECEMBER 2009

JANUARY 2007

S	M	T	W	T	F	S
31	1	2	3	4	5	6
7	8	9	10	11	12	13
14	15	16	17	18	19	20
21	22	23	24	25	26	27
28	29	30	31	1	2	3

FEBRUARY 2007

S	M	T	W	T	F	S
28	29	30	31	1	2	3
4	5	6	7	8	9	10
11	12	13	14	15	16	17
18	19	20	21	22	23	24
25	26	27	28	1	2	3

MARCH 2007

S	M	T	W	T	F	S
25	26	27	28	1	2	3
4	5	6	7	8	9	10
11	12	13	14	15	16	17
18	19	20	21	22	23	24
25	26	27	28	29	30	31

APRIL 2007

S	M	T	W	T	F	S
1	2	3	4	5	6	7
8	9	10	11	12	13	14
15	16	17	18	19	20	21
22	23	24	25	26	27	28
29	30	1	2	3	4	5

MAY 2007

S	M	T	W	T	F	S
29	30	1	2	3	4	5
6	7	8	9	10	11	12
13	14	15	16	17	18	19
20	21	22	23	24	25	26
27	28	29	30	31	1	2

JUNE 2007

S	M	T	W	T	F	S
27	28	29	30	31	1	2
3	4	5	6	7	8	9
10	11	12	13	14	15	16
17	18	19	20	21	22	23
24	25	26	27	28	29	30

JULY 2007

S	M	T	W	T	F	S
1	2	3	4	5	6	7
8	9	10	11	12	13	14
15	16	17	18	19	20	21
22	23	24	25	26	27	28
29	30	31	1	2	3	4

AUGUST 2007

S	M	T	W	T	F	S
29	30	31	1	2	3	4
5	6	7	8	9	10	11
12	13	14	15	16	17	18
19	20	21	22	23	24	25
26	27	28	29	30	31	1

SEPTEMBER 2007

S	M	T	W	T	F	S
26	27	28	29	30	31	1
2	3	4	5	6	7	8
9	10	11	12	13	14	15
16	17	18	19	20	21	22
23/30	24	25	26	27	28	29

OCTOBER 2007

S	M	T	W	T	F	S
30	1	2	3	4	5	6
7	8	9	10	11	12	13
14	15	16	17	18	19	20
21	22	23	24	25	26	27
28	29	30	31	1	2	3

NOVEMBER 2007

S	M	T	W	T	F	S
28	29	30	31	1	2	3
4	5	6	7	8	9	10
11	12	13	14	15	16	17
18	19	20	21	22	23	24
25	26	27	28	29	30	1

DECEMBER 2007

S	M	T	W	T	F	S
25	26	27	28	29	30	1
2	3	4	5	6	7	8
9	10	11	12	13	14	15
16	17	18	19	20	21	22
23/30	24/31	25	26	27	28	29

JANUARY 2008

S	M	T	W	T	F	S
30	31	1	2	3	4	5
6	7	8	9	10	11	12
13	14	15	16	17	18	19
20	21	22	23	24	25	26
27	28	29	30	31	1	2

FEBRUARY 2008

S	M	T	W	T	F	S
27	28	29	30	31	1	2
3	4	5	6	7	8	9
10	11	12	13	14	15	16
17	18	19	20	21	22	23
24	25	26	27	28	29	1

MARCH 2008

S	M	T	W	T	F	S
24	25	26	27	28	29	1
2	3	4	5	6	7	8
9	10	11	12	13	14	15
16	17	18	19	20	21	22
23/30	24/31	25	26	27	28	29

APRIL 2008

S	M	T	W	T	F	S
30	31	1	2	3	4	5
6	7	8	9	10	11	12
13	14	15	16	17	18	19
20	21	22	23	24	25	26
27	28	29	30	1	2	3

MAY 2008

S	M	T	W	T	F	S
27	28	29	30	1	2	3
4	5	6	7	8	9	10
11	12	13	14	15	16	17
18	19	20	21	22	23	24
25	26	27	28	29	30	31

JUNE 2008

S	M	T	W	T	F	S
1	2	3	4	5	6	7
8	9	10	11	12	13	14
15	16	17	18	19	20	21
22	23	24	25	26	27	28
29	30	1	2	3	4	5

JULY 2008

S	M	T	W	T	F	S
29	30	1	2	3	4	5
6	7	8	9	10	11	12
13	14	15	16	17	18	19
20	21	22	23	24	25	26
27	28	29	30	31	1	2

AUGUST 2008

S	M	T	W	T	F	S
27	28	29	30	31	1	2
3	4	5	6	7	8	9
10	11	12	13	14	15	16
17	18	19	20	21	22	23
24/31	25	26	27	28	29	30

SEPTEMBER 2008

S	M	T	W	T	F	S
31	1	2	3	4	5	6
7	8	9	10	11	12	13
14	15	16	17	18	19	20
21	22	23	24	25	26	27
28	29	30	1	2	3	4

OCTOBER 2008

S	M	T	W	T	F	S
28	29	30	1	2	3	4
5	6	7	8	9	10	11
12	13	14	15	16	17	18
19	20	21	22	23	24	25
26	27	28	29	30	31	1

NOVEMBER 2008

S	M	T	W	T	F	S
26	27	28	29	30	31	1
2	3	4	5	6	7	8
9	10	11	12	13	14	15
16	17	18	19	20	21	22
23/30	24	25	26	27	28	29

DECEMBER 2008

S	M	T	W	T	F	S
30	1	2	3	4	5	6
7	8	9	10	11	12	13
14	15	16	17	18	19	20
21	22	23	24	25	26	27
28	29	30	31	1	2	3

JANUARY 2009

S	M	T	W	T	F	S
28	29	30	31	1	2	3
4	5	6	7	8	9	10
11	12	13	14	15	16	17
18	19	20	21	22	23	24
25	26	27	28	29	30	31

FEBRUARY 2009

S	M	T	W	T	F	S
1	2	3	4	5	6	7
8	9	10	11	12	13	14
15	16	17	18	19	20	21
22	23	24	25	26	27	28
1	2	3	4	5	6	7

MARCH 2009

S	M	T	W	T	F	S
1	2	3	4	5	6	7
8	9	10	11	12	13	14
15	16	17	18	19	20	21
22	23	24	25	26	27	28
29	30	31	1	2	3	4

APRIL 2009

S	M	T	W	T	F	S
29	30	31	1	2	3	4
5	6	7	8	9	10	11
12	13	14	15	16	17	18
19	20	21	22	23	24	25
26	27	28	29	30	1	2

MAY 2009

S	M	T	W	T	F	S
26	27	28	29	30	1	2
3	4	5	6	7	8	9
10	11	12	13	14	15	16
17	18	19	20	21	22	23
24/31	25	26	27	28	29	30

JUNE 2009

S	M	T	W	T	F	S
31	1	2	3	4	5	6
7	8	9	10	11	12	13
14	15	16	17	18	19	20
21	22	23	24	25	26	27
28	29	30	1	2	3	4

JULY 2009

S	M	T	W	T	F	S
28	29	30	1	2	3	4
5	6	7	8	9	10	11
12	13	14	15	16	17	18
19	20	21	22	23	24	25
26	27	28	29	30	31	1

AUGUST 2009

S	M	T	W	T	F	S
26	27	28	29	30	31	1
2	3	4	5	6	7	8
9	10	11	12	13	14	15
16	17	18	19	20	21	22
23/30	24/31	25	26	27	28	29

SEPTEMBER 2009

S	M	T	W	T	F	S
30	31	1	2	3	4	5
6	7	8	9	10	11	12
13	14	15	16	17	18	19
20	21	22	23	24	25	26
27	28	29	30	1	2	3

OCTOBER 2009

S	M	T	W	T	F	S
27	28	29	30	1	2	3
4	5	6	7	8	9	10
11	12	13	14	15	16	17
18	19	20	21	22	23	24
25	26	27	28	29	30	31

NOVEMBER 2009

S	M	T	W	T	F	S
1	2	3	4	5	6	7
8	9	10	11	12	13	14
15	16	17	18	19	20	21
22	23	24	25	26	27	28
29	30	1	2	3	4	5

DECEMBER 2009

S	M	T	W	T	F	S
29	30	1	2	3	4	5
6	7	8	9	10	11	12
13	14	15	16	17	18	19
20	21	22	23	24	25	26
27	28	29	30	31	1	2

NAMES & NUMBERS

A–G

H–M

NAMES & NUMBERS

N–S

T–Z